Impressum
Verlag: BABADADA GmbH, Nedderfeld 112 , 22529 Hamburg
Geschäftsführer / Verlagsleitung: Harald Hof
Druck: Books on Demand GmbH, In de Tarpen 42, 22848 Norderstedt

Imprint
Publisher: BABADADA GmbH, Nedderfeld 112 , 22529 Hamburg, Germany
Managing Director / Publishing direction: Harald Hof
Print: Books on Demand GmbH, In de Tarpen 42, 22848 Norderstedt, Germany

school

ቤት-ትምህርቲ

klaslokaal
ክፍሊ ክላስ
delen
መቀለ
186/2
bord
schoolplein
leraar
መምህር
papier
ወረቐት
schrijven
pen
መጽሓፊ
bureau
ጣውላ
ምጽሓፍ
lineaal
መስመር
boek
መጽሓፍ
leerling
ተመሃራይ

schooltas

ሳንጣ ትምህርቲ

etui

ሰፈር ብርዒ

potlood

ርሳስ

puntenslijper

መብልሒ ርሳስ

gum

መደምሰሲ

schetsblok

ጥራዝ ስእሊ

tekening

ስእሊ

penseel

ብርዒ ቀለም

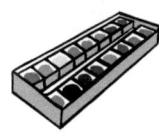

verfdoos

ቦክስ ቀለም

schaar

መቐስ

lijm

መጣበቒ

schrift

ጥራዝ መላመዲ

huiswerk

ዕዮ ገዛ

12

getal

ቁጽሪ

2+2

optellen

ወሰኽ

aftrekken

ጎደለ

2×2

vermenigvuldigen

ረብሐ

rekenen

ደመረ

A

letter

ፊደል

ABCDEFG
HIJKLMN
OPQRSTU
VWXYZ

alfabet

ስርዓት ፊደላት

hello

woord

ቃል

tekst

ጽሑፍ

lezen

ኣንበበ

krijt

ኩርሽ

les

ሰዓት

klassenboek

መዝገብ ክላስ

examen

መርመራ

diploma

ሰርቲፊከት

schooluniform

ድቢዛ ቤትትምህርቲ

opleiding

ትምህርቲ

encyclopedie

ለክሲኮን

universiteit

ዩኒቨርሲቲ

microscoop

ሚክሮስኮፕ

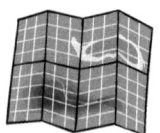

kaart

ካርታ

prullenmand

ጎሓፍ ወረቐት

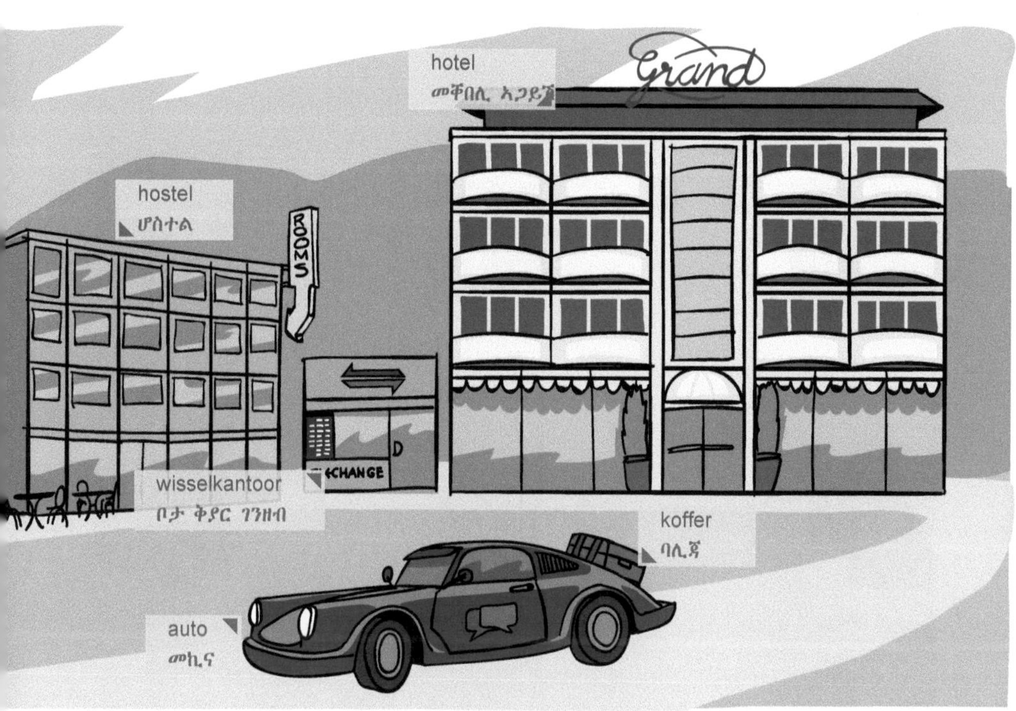

hotel
መቐበሊ ኣጋይሽ
Grand
hostel
ሆስተል
ROOMS
wisselkantoor
ቦታ ቅያር ገንዘብ
koffer
ባሊጃ
auto
መኪና

taal
ቋንቋ

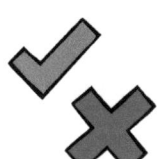

ja / nee
እወ / ኖ

oké
ሕራይ

Hallo!
ሰላም

tolk
ኣስተርጓሚ

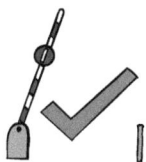

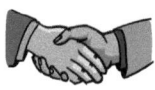

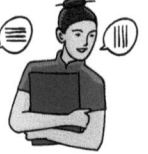

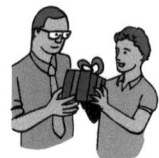

Bedankt.
የቐንየለይ

Wat kost ...?

....

. . . ክንደይ ዋግኡ?

Ik begrijp het niet.

....

ኣይተረድኣኹን

probleem

....

ሽግር

Goedenavond!

....

ሰላም ምሸት!

Goedemorgen!

....

ከመይ ሓዲርካ

Goedenacht!

....

ሰላም ለይቲ

Tot ziens!

....

ደሓን ኩን

richting

....

ኣንፈት

bagage

....

ጕዓዝ

tas

....

ሳንጣ

rugzak

....

ሳንጣ ሕቖ

gast

....

ጋሻ

kamer

....

ክፍሊ

slaapzak

....

ክሻ መደቀሲ

tent

....

ቴንዳ

VVV-kantoor

ሓበሬታ በጻሕቲ ሃገር

strand

ገምገም ባሕሪ

creditkaart

ክረዲት ካርድ

ontbijt

ቁርሲ

lunch

ምሳሕ

diner

ድራር

kaartje

ቲከት

lift

ሊፍት

postzegel

ማሕተም ደብዳበ

grens

ዶብ

douane

ድጓና

ambassade

ኣምበሲ

visum

ቪዛ

paspoort

ፓስፖርት

transport

መጓዓዝያ

vliegtuig
ነፋሪት
schip
መርከብ
brandweerwagen
መኪና መጥፍኢ ሓዊ
bus
ኣውቶቡስ
vrachtauto
ናይ ጽዕነት መኪና
motorboot
ጃልባ ሞቶር
fiets
ብሽግለታ
auto
መኪና

veerboot

ፈሪ

boot

ጃልባ

motorfiets

ሞቶ

politiewagen

መኪና ፖሊስ

raceauto

መኪና ቅድድም

huurauto

ክራይ መኪና

carsharing

ምውፋይ መካይን

takelwagen

መወሰዲ መኪና

vuilniswagen

መኪና ጎሓፍ

motor

ሞቶር

benzine

ነዳዲ

benzinepomp

እንዳ ነዳዲ

verkeersbord

ምልክት ትራፊክ

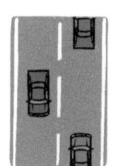

verkeer

ትራፊክ

file

ምጭቕጫቕ ትራፊክ

parkeerplaats

መዐሸጊ መኪና

station

መዕረፊ ባቡር

rails

ሓዲግ

trein

ባቡር

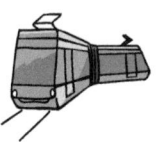

tram

ትረም

wagon

ባጎኒ

helikopter

ሄሊኮፕተር

luchthaven

መዓረፊ ነፈርቲ

toren

ታወር

passagier

ተጕዓዚ

container

ኮንተይነር

verhuisdoos

ሳንዱቕ ካርቶን

kar

ኮርሳ ጽዕነት

mand

ዘንቢል

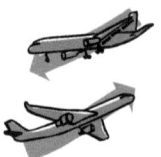

opstijgen / landen

ተበገሰ / ዓለበ

stad

ከተማ

dorp

ቍሸት

stadscentrum

ማእከል ከተማ

huis

ገዛ

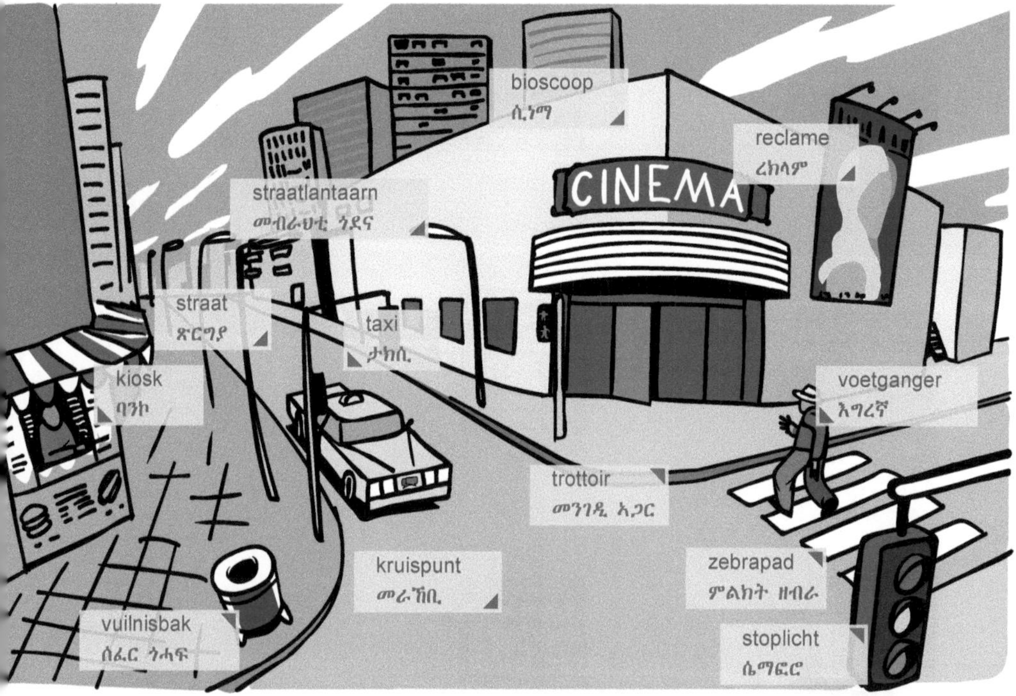

bioscoop
ሲነማ
reclame
ረክላም
straatlantaarn
መብራህቲ ጎደና
straat
ጽርግያ
taxi
ታክሲ
kiosk
ባንኮ
voetganger
እግረኛ
trottoir
kruispunt
መራኸቢ
zebrapad
ምልክት ዘብራ
vuilnisbak
stoplicht

hut

ኣጕዶ

appartement

ኣፓርትመንት

station

መዕረፊ ባቡር

stadhuis

ቤት ምምሕዳር

museum

ቤተ መዘክር

school

ቤት-ትምህርቲ

universiteit

ዩኒቨርሲቲ

bank

ባንክ

ziekenhuis

ሆስፒታል

hotel

መቐበሊ ኣጋይሽ

apotheek

ቤት መድሃኒት

kantoor

ቤት ጽሕፈት

boekenwinkel

ዱኳን መጽሓፍቲ

winkel

ዱኳን

bloemenwinkel

ዱኳን ዕንባባ

supermarkt

ሱፐርማርከት

markt

ዕዳጋ

warenhuis

ሹቕ

visboer

ነጋዳይ ዓሳ

winkelcentrum

ሹቕ

haven

መርሳ

park

መዘናግዒ

bank

ባንኪ

brug

ድልድል

trap

መደያይቦ

metro

ባቡር ትሕቲ ምድሪ

tunnel

ቢንቶ

bushalte

መዕረፊ ኣውቶቡስ

bar

ቤት መስተ

restaurant

ቤት-መግቢ

brievenbus

ሰታሪት

straatnaambord

ታቤላ

parkeermeter

ሰዓት ፓርኪንግ

dierentuin

መካነ እንስሳታት

zwembad

መሓምበሲ

moskee

መስጊድ

boerderij

ቤት ሕርሻ

vervuiling

ብከላ

begraafplaats

መቓብር

kerk

ቤተክርስትያን

speelplaats

ቦታ ምጽዋት

tempel

ቤት መቕደስ

landschap

ስእሊ መሬት

blad
ኣቝጽልቲ

wegwijzer
መሕበሪ መገዲ

weg
መገዲ

weide
ሸኻ

steen
እምኒ

boom
ኣግራብ

wandelaar
ኮብላሊ

rivier
ፈለግ

gras
ሰዓሪ

bloem
ዕንባባ

vallei

ስንጭሮ

berg

ጎቦ

meer

ቀላይ

bos

ዱር

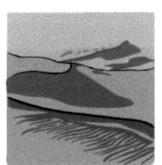

woestijn

ምድረ በዳ

vulkaan

እሳተ-ጎመራ

kasteel

ግምቢ

regenboog

ቀስተ-ደመና

paddenstoel

ቃንጥሻ

palmboom

ዓርኮብኮባይ

mug

ጣንጡ

vlieg

ሃመማ

mier

ጻጸ

bij

ንህቢ

spin

ሳሬት

kever

ሕንዚዝ

kikker

ዕንቅርዖብ

eekhoorn

ምጽጹላይ

egel

ቅንፍዝ

haas

ማንቲለ

uil

ጉንጓ

vogel

ጭሩ

zwaan

ስዋን

wild zwijn

መፍለስ

hert

ዓጋዘን

eland

ሙስ

stuwdam

ግድብ

windmolen

ተርባይን ንፋስ

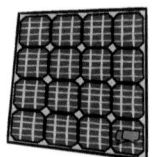

zonnepaneel

ሶላር ስርሓት

klimaat

ኩነታት ኣየር

restaurant
ቤት-መግቢ

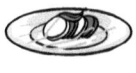

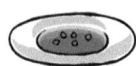

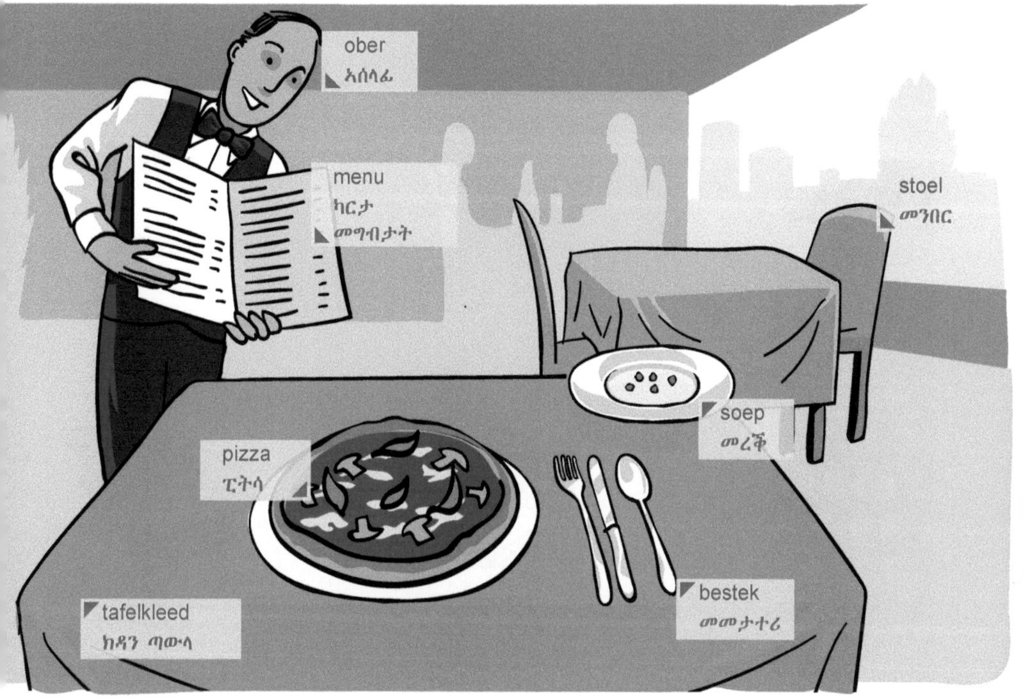

ober
ኣሰላፊ
menu
ካርታ
መግብታት
stoel
መንበር
soep
መረቕ
pizza
ፒትሳ
bestek
መመታትሪ
tafelkleed
ክዳን ጣውላ

voorgerecht

ቅድመ ቀንዲ መግቢ

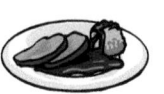

hoofdgerecht

ቀንዲ መኣዲ

toetje

ድሕረ መግቢ

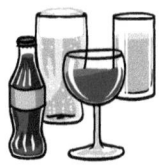

dranken

መስተ

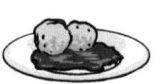

eten

መግቢ

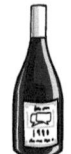

fles

ጥርሙዝ

fastfood

ስሉጥ መግቢ

eetkraampje

መግቢ ጽርግያ

theepot

ብርጭቆ ሻሂ

suikerpot

ታኒካ ሽኮር

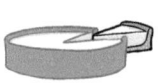

portie

ክፋል

espressomachine

ማሺን ኤስፕረሶ

kinderstoel

ነዊሕ መንበር

rekening

ጸብጻብ

dienblad

ታብለት

mes

ካራ

vork

ፋርኪታ

lepel

ማንካ

theelepel

ማንካ ሻሂ

servet

ሰርቭየተ

glas

ብኬሪ

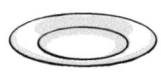

bord

ሸሓኒ

soepbord

ሸሓኒ መረቕ

schotel

ትሕቲ ኩባያ

saus

ጸብሒ

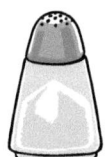

zoutvaatje

ወሃቢ ጨው

pepermolen

መጥሓን በርበረ

azijn

ኣቸቶ

olie

ዘይቲ

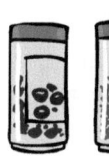

kruiden

ቀመም

ketchup

ከቾፕ

mosterd

ኣድሪ

mayonaise

ማዮኒዝ

supermarkt

ሱፐርማርክት

aanbieding
ወፈያ
FOR
klant
ዓሚል
zuivelproducten
ፍርያታት ጸባ
fruit
ፍረታት
winkelwagen
ሰረገላ ዱኳን

slager

እንዳ ስጋ

bakkerij

እንዳ ባኒ

wegen

ክብደት

groente

ኣሕምልቲ

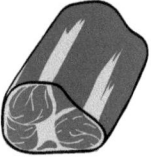

vlees

ስጋ

diepvriesproducten

መግቢ ፍሪጅ በረድ

vleeswaren

ዝሑል ቅሩብ መግቢ

conserven

እስቃጥላ

wasmiddel

ኣሞ

snoepgoed

ምቁር መግቢ

huishoudelijke artikelen

ዘቤታውያን ኣቑሑ

schoonmaakmiddel

ናውቲ መጸረዪ

verkoopster

ሸቃጣይ

kassa

ካሳ

kassier

ተሓዝ ገንዘብ

boodschappenlijstje

ዝርዝር ምግዛእ

openingstijden

ክፉት ሰዓታት

portefeuille

ማሕፉዳ

creditkaart

ክረዲት ካርድ

tas

ሳንጣ

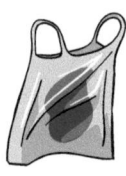

plastic zak

ፌስታል

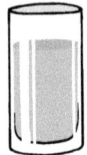

dranken

መስተ

water

....

ማይ

sap

....

ጽማቕ

melk

....

ጸባ

cola

....

ኮላ

wijn

....

ነቢት

bier

....

ቢራ

alcohol

....

ኣልኮል

chocolademelk

....

ካካው

thee

....

ሻሂ

koffie

....

ቡን

espresso

....

ኤስፕረሶ

cappuccino

....

ካፑቺኖ

banaan
....
ባናና

appel
....
ቱፋሕ

sinaasappel
....
ኣራንሺ

watermeloen
....
ብርጭቕ

citroen
....
ለሚን

wortel
....
ካሮት

knoflook
....
ጻዕዳ ሽጉርቲ

bamboe
....
ባምቡስ

ui
....
ሽጉርቲ

paddenstoel
....
ቅንጥሻ

noten
....
ፉል

pasta
....
ፓስታ

spaghetti

ስፓገቲ

rijst

ሩዝ

salade

ሰላጣ

friet

ቅልዋ ድንሽ

gebakken aardappelen

ቅሉው ድንሽ

pizza

ፒትሳ

hamburger

ሃምቡርገር

sandwich

ፓኒኖ

schnitzel

ቢስተካ

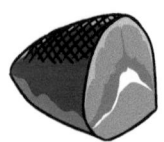

ham

ሰለፍ ሓሰማ

salami

ሳላሚ

worst

ግዕዝም

kip

ደርሆ

gebraad

ቀለወ

vis

ዓሳ

havermout
ገዓት

muesli
ሙስሊ

cornflakes
ኮርንፍለይክስ

meel
ሓርጭ

croissant
ክሮሶን

broodjes
ባኒ

brood
ባኒ

toast
ቶስት

koekjes
ብሽኮቲ

boter
ጠስሚ

kwark
ርግኦ

taart
ፓስተ

ei
እንቋቑሖ

gebakken ei
ቅሉው እንቋቑሖ

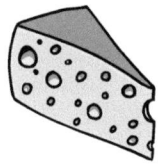

kaas
ፋርማጆ

ijs

አይስ ክሪም

suiker

ሽኮር

honing

መዓር

jam

ጀም

chocoladepasta

ኑጋት-ክረም

kerrie

ኩሪ

boerderij
ቤት ሕርሻ

boerderij
ቤት ሕርሻ
schuur
መኽዘን
hooibaal
ሓሰር ቦንዳ
veld
ግራት
paard
ፈረስ
aanhangwagen
ተስሓቢ
tractor
ትራክተር
veulen
ዒሉ
ezel
schaap
በጊዕ
lam
ዕየት

geit
ጤል

koe
ብዕራይ

kalf
ምራኽ

varken
ሓሰማ

big
ውላድ ሓሰማ

stier
ኣርሓ

boerderij - ቤት ሕርሻ 27

gans

ዓዓ

eend

ማይ ደርሆ

kuiken

ጫቑት

kip

ደርሆ

haan

ኣርሓ ደርሆ

rat

ኣንጨዋ ዓባይ

kat

ድሙ

muis

ኣንጭዋ

os

ብዕራይ

hond

ከልቢ

hondenhok

ኣጕዶ ከልቢ

tuinslang

ቱባ ጀርዲን

gieter

መዝፈፊ ማይ

zeis

ዓቢ ማዕጺድ

ploeg

ማሕረሻ

sikkel

ማዕጺድ

schoffel

ጭኺሮ

hooivork

መስአ

bijl

ፋስ

kruiwagen

ዓረብያ ኢድ

trog

ጋብላ

melkbus

ብርጭቆ ጻባ

zak

ክሻ

hek

ሓጹር

stal

መጓሰስ

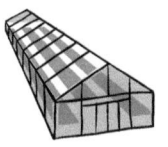

broeikas

ቐጠልያ ገዛ

grond

ባይታ

zaad

ዘርኢ

mest

ድኹዒ

maaidorser

ዘጣምር ቀውዓይ

oogsten

ቀውዐ

oogst

ጻማ

yam

ድንሽ ያም

tarwe

ስርናይ

soja

ሶያ

aardappel

ድንሽ

maïs

ዕፉን

koolzaad

ራፕስ

fruitboom

ገረብ ፍረታት

maniok

ማኒኦክ

granen

ኣእኻል

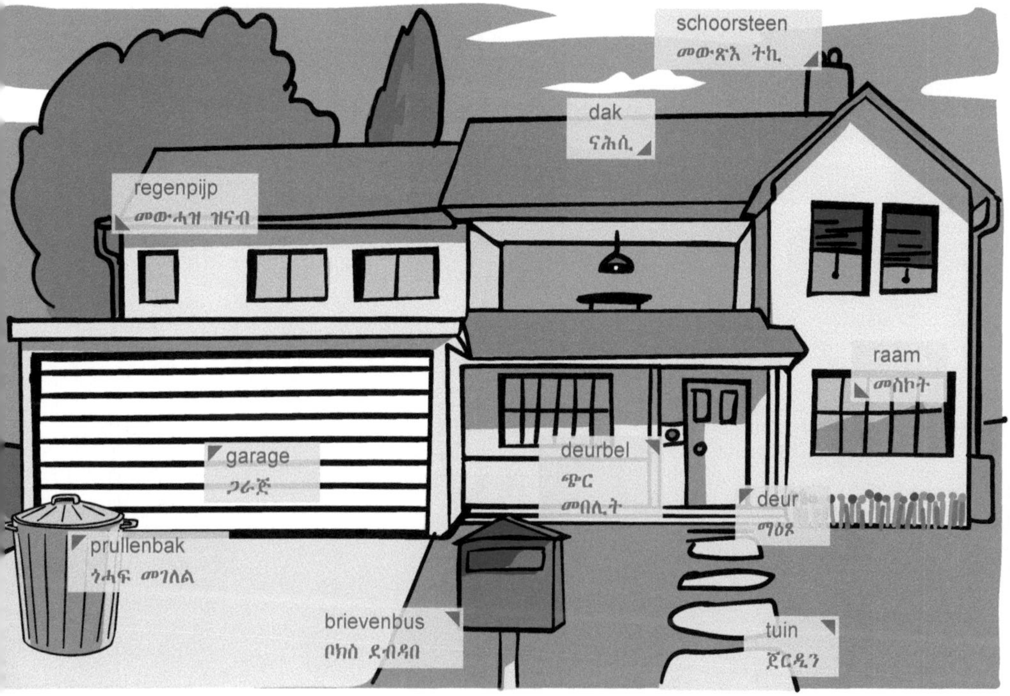

schoorsteen
መውጽእ ትኪ

dak
ናሕሲ

regenpijp
መውሓዝ ዝናብ

raam
መስኮት

garage
ጋራጅ

deurbel
ጭር
መብሊት

deur
ማዕጾ

prullenbak
ጎሓፍ መገለል

brievenbus
ቦክስ ደብዳበ

tuin
ጀርዲን

woonkamer
ክፍሊ ምችግጥ

badkamer
ክፍሊ ባንዮ

keuken
ክሽነ

slaapkamer
ክፍሊ መደቀሲ

kinderkamer
ክፍሊ ቆልዑ

eetkamer
መመገቢ ክፍሊ

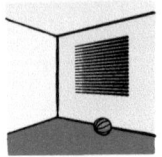

vloer

ባይታ

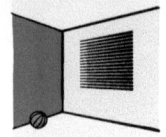

muur

መንደቕ

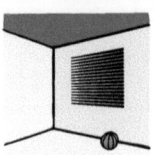

plafond

ከቦርታ

kelder

ካንቲና

sauna

ሳውና

balkon

ባልኮን

terras

ዛላ

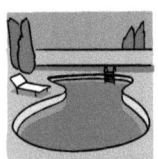

zwembad

መሕምበሲ

grasmaaier

መቑረጺ ሳዕሪ

laken

ኣንሶላ ዓራት

bedsprei

ከቦርታ ዓራት

bed

ዓራት

bezem

መኾስተር

emmer

መገለል

schakelaar

መወልዒት

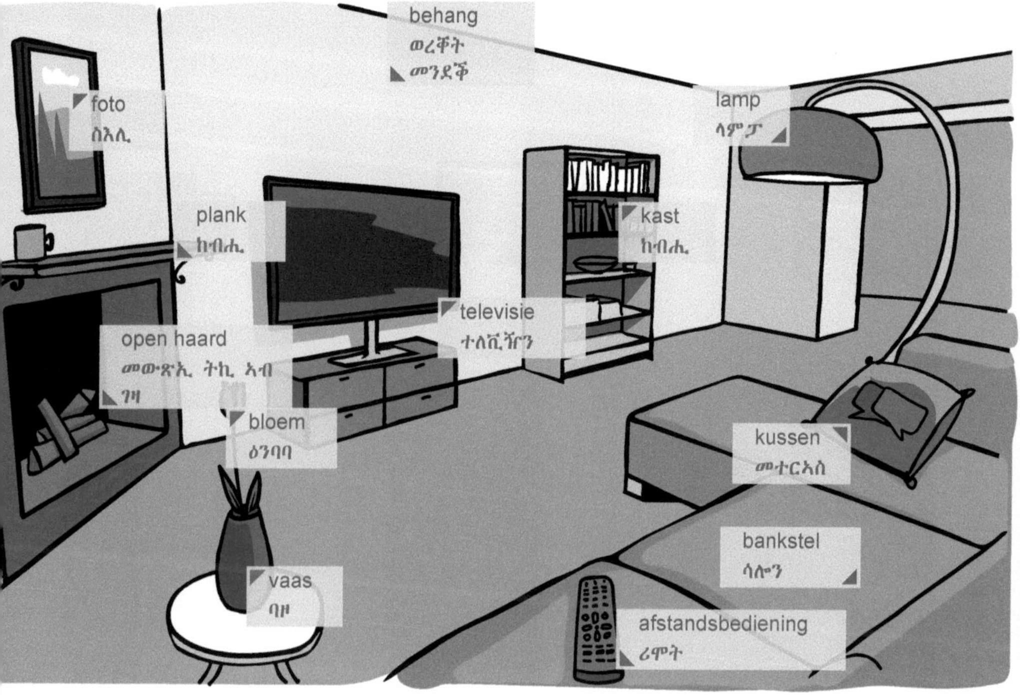

behang
ወረቐት መንደቕ

foto
ስእሊ

lamp
ላምፓ

plank
ከብሒ

kast
ከብሒ

open haard
መውጽኢ ትኪ አብ ገዛ

televisie
ተለቪዥን

bloem
ዕንባባ

kussen
መተርራስ

bankstel
ሳሎን

vaas
ባዛ

afstandsbediening
ሪሞት

tapijt
መንጸፍ

gordijn
መጋረጃ

tafel
ጣውላ

stoel
መንበር

schommelstoel
ሰለል ዝብል መንበር

stoel
መንበር ምቹእ

boek

መጽሓፍ

deken

ከቦርታ

decoratie

ስልማት

brandhout

እንጨይቲ ሓዊ

film

ፊልም

stereo-installatie

ስተረዮ

sleutel

መፍትሕ

krant

ጋዜጣ

schilderij

ቕብኣ

poster

ፖስተር

radio

ረድዮ

kladblok

ጥራዝ

stofzuiger

መልገሲ ደሮና

cactus

በለስ

kaars

ሽምዓ

keuken

ክሽነ

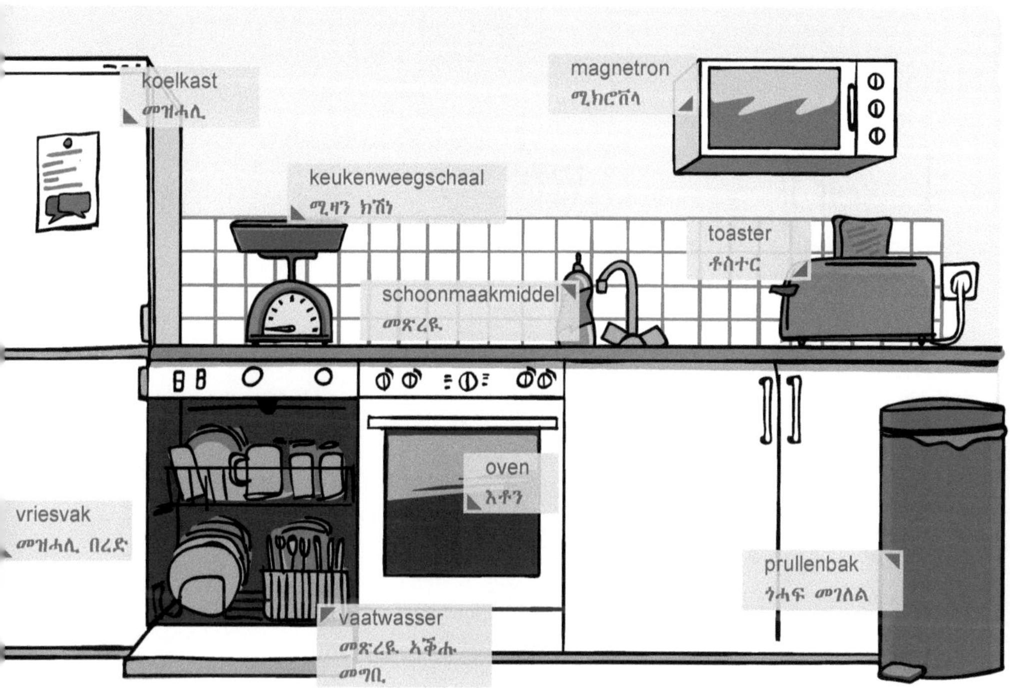

koelkast
መዝሓሊ
magnetron
ሚክሮቨላ
keukenweegschaal
ሚዛን ክሽነ
toaster
ቶስተር
schoonmaakmiddel
መጽረዪ
oven
እቶን
vriesvak
መዝሓሊ በረድ
prullenbak
ጎሓፍ መገለል
vaatwasser
መጽረዪ ኣቕሑ
መግቢ

fornuis

መኸሸኒ

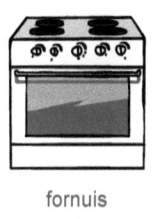

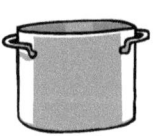

pan

ድስቲ

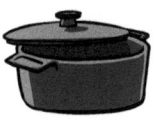

gietijzeren pan

ድስቲ ሓጺን

wok / kadai

ቮክ/ካዳይ

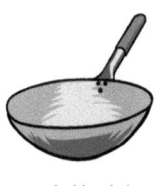

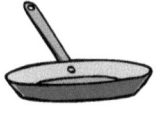

koekenpan

ባደላ

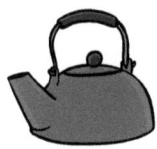

ketel

መውዓዪ ማይ

stoomkoker

....

መፍልሒ

bakplaat

....

ጓንቴራ ምስንካት

servies

....

ኣቕሑ መግቢ

beker

....

ብርጭቆ

kom

....

ጭሖሎ

eetstokjes

....

ማንካቺና

soeplepel

....

ማንካ መረቕ

spatel

....

መገልበጢ ባደላ

garde

....

መኾስተር ውርጪ

vergiet

....

መንፌት መግቢ

zeef

....

መንፌት

rasp

....

መፋሕፍሒ

vijzel

....

ሞርታር

barbecue

....

ባርቢክዩ

vuurhaard

....

ስፍራ ሓዊ

snijplank

እንጨይቲ ምምታር

deegroller

እንጨይቲ ኰረር

kurkentrekker

መኽፈት ቡሽ

blik

ታኒካ

blikopener

መኽፈቲ ታኒካ

pannenlap

ጨርቂ ድስቲ

wasbak

ቡምባ

borstel

ኣስባስላ

spons

ሰፍነግ

blender

ሓዋሲ ኣደባላቒ

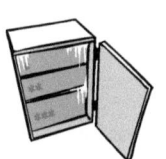

vriezer

መዝሓሊ በረድ

babyflesje

ጥርሙዝ ማማይ

kraan

ቡምባ ማይ

douche
መሕጸቢ ሻወር

verwarming
መውዓዪ

handdoek
ሸጎማኖ

douchegordijn
ሻወር መጋረጃ

bubbelbad
መሕጸቢ ዓፍራ

bad
ባንዮ መሕጸቢ

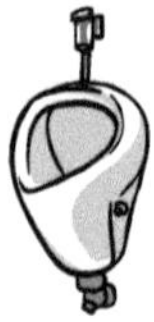

glas
ብኬሪ

wasmachine
ሓጻቢት

kraan
ቡምባ ማይ

tegels
ማቶነላ

potje
ድስቲ

wasbak
ቡምባ

toilet	hurktoilet	bidet
ሽቓቕ	ሽቓቕ ኮፍ	በዱ
urinoir	toiletpapier	toiletborstel
ሽቓቕ ተባዕታይ	ወረቐት ሽቓቕ	ኣስባስላ ሽቓቕ

tandenborstel

አስባስላ ስኒ

tandpasta

ክረማ ስኒ

flosdraad

ሃሪ ስኒ

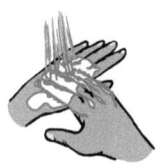

wassen

ሓጸበ

handdouche

ዱሽ ኢድ

toiletdouche

ዱሽ

waskom

ብርጭቆ ምሕጻብ

rugborstel

አስባስላ ሕቖ

zeep

ሳምና

douchegel

ሻወር ጀል

shampoo

ሻምፑ

washanje

ጨርቂ መሕጸቢ

afvoer

መውሓዚ

creme

ክረማ

deodorant

ደዮ ጨና

spiegel

መስትያት

make-upspiegel

ናይ ኢድ መስትያት

scheermes

መላጸ

scheerschuim

ዓፍራ ምልጻይ

aftershave

ጨና ድሕሪ ምልጻይ

kam

መመሸጥ

borstel

ኣስባስላ

haardroger

መንቐጺ ጸግሪ

haarspray

ስፕረይ ጸግሪ

make-up

መመላኽዒ

lippenstift

ብርዒ ቀለም ከንፈር

nagellak

ኣዝማልቶ

watten

ጸምሪ ጡጥ

nagelschaartje

መስደዲ ጽፍሪ

parfum

ጨና

toilettas

ሳንጣ መሕጸቢ

kruk

ድኳ

weegschaal

ሚዛን

badjas

ክዳን መሕጸቢ

rubber handschoenen

ጓንቲ መጸረዩ

tampon

ታምፖን

maandverband

ጨርቂ ሰበይቲ

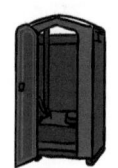

chemisch toilet

ሽቓቕ ከሚስትሪ

kinderkamer

ክፍሊ ቆልዑ

wekker
ኣላርም መተስኢ
knuffeldier
መጻወቲ እንስሳ
speelgoedauto
መጻወቲ መኪና
rammelaar
ኳሕኳሕ መበለ
poppenhuis
ቤት ባምቡላ
cadeau
ህያብ

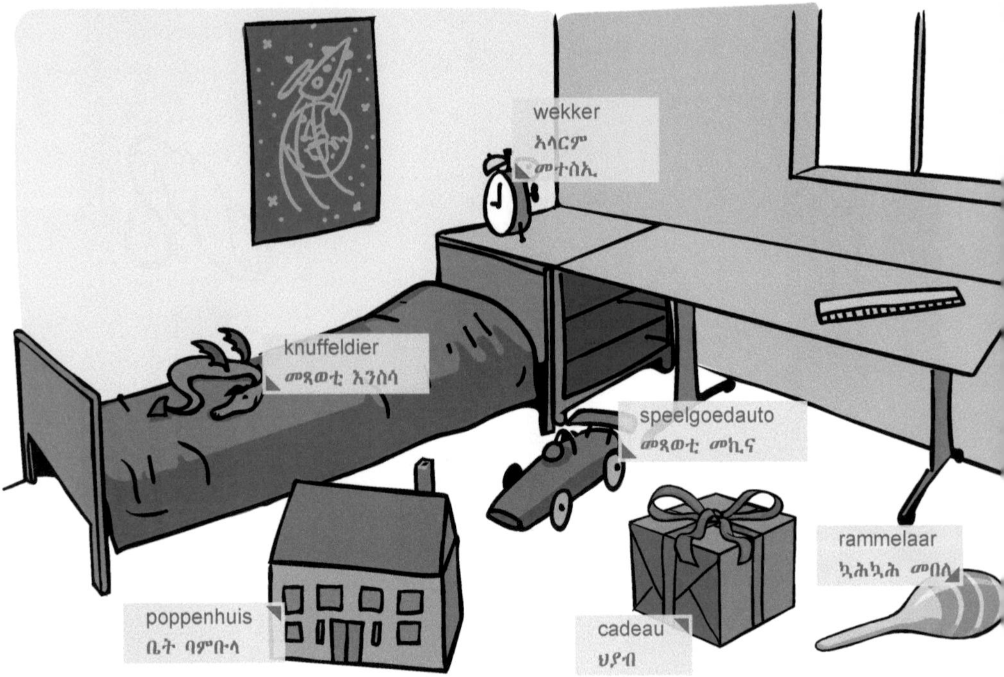

ballon
ባላንችና

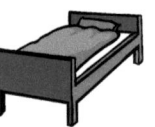

bed
ዓራት

kinderwagen
ሰረገላ ህጻን

kaartspel
ጸወታ ካርታ

puzzel
ሕንቅሊተይ

stripverhaal
ኮሚዲ

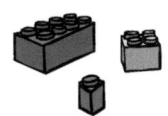

legostenen

....

እምንታት መጻወቲ ለጎ

speelgoedblokken

....

መጻወቲ እምንታት

actiefiguurtje

....

በዓል ኣክቸን

romper

....

ክዳን ማማይ

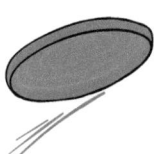

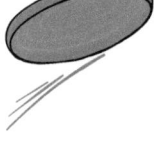

frisbee

....

ፍሪስቢ

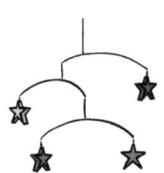

mobile

....

ሞባይል ማማይ

bordspel

....

ጸወታ ሰሌዳ

dobbelsteen

....

ኩቦ

modeltrein

....

ሞደል ባቡር ምድሪ

speen

....

ዓባስ

feestje

....

ፓርቲ

prentenboek

....

መጽሓፍ ስእሊ

bal

....

ኩዕሶ

pop

....

ባምቡላ

spelen

....

ተጻወተ

zandbak

መጻወቲ ሑጻ

schommel

ሰላል

speelgoed

መጻወቲታት

spelcomputer

ኮንሶል ቪድዮ

driewieler

መጻወቲ ሰለስተ መንኮርኮር

teddybeer

ተዲ

kleerkast

ከብሒ. ክዳን

kleding

ክዳን

sokken

ካልስታት

kousen

ነዊሕ ካልስታት

panty

ስረ ካልሲ.

sjaal
ሻርባ
paraplu
ጽላል
T-shirt
ማልያ
riem
ቁልፊ
laarzen
ረፋዕ
pantoffels
ጫማ ገዛ
sportschoenen
ስኒከርስ

sandalen

ሸበጥ

schoenen

ጫማ

rubberlaarzen

ረፋዕ ጎማ

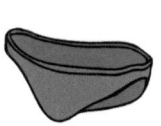

onderbroek

ሙታንታ

beha

ክዳን ጡብ

onderhemd

ትሕተ ካሚቻ

body
ቦዲ

broek
ስረ

spijkerbroek
ጂንስ

rok
ቀምሽ

blouse
ካምቻ

overhemd
ካሚቻ

trui
ጉልፎ

hoody
ጎልፎ

blazer
ጃኬት

jas
ጃከት

mantel
ጁባ

regenjas
ክዳን ዝናብ

kostuum
ኮስቱም

jurk
ቀምሽ

trouwjurk
ቀምሽ መርዓ

pak

ልብሲ

nachthemd

ካሚቻ ለይቲ

pyjama

ክዳን ለይቲ

sari

ሳሪ

hoofddoek

መሃረብ ርእሲ

tulband

ቱርባን

boerka

ቡርካ

kaftan

ካፍታን

abaja

ኣባያ

zwempak

ክዳን መሕምበሲ

zwembroek

ስረ መሕምበሲ

korte broek

ሓጺር ስረ

trainingspak

ክዳን ታዕሊም

schort

በጃ ክዳን

handschoenen

ጓንቲ

knoop

መልጎም

bril

መነጽር

armband

በንናጅር

ketting

ማዕተብ

ring

ቀለበት

oorbel

ኩትሻ

pet

ቆብዕ

kledinghanger

መንበሪ ጁባ

hoed

ባርነጣ

stropdas

ካርራቫት

rits

ሻርነጣ

helm

ሀልመት

bretels

መድልደል ስረ

schooluniform

ድቢዛ ቤትትምህርቲ

uniform

ድቢዛ

slabbetje

ሰደርያ ቆልዓ

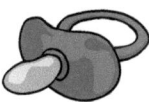

speen

ዓባስ

luier

ጨርቂ ማማይ

kantoor

ቤት ጽሕፈት

server
ሰርቨር
archiefkast
ከብሒ ሰነድ
printer
ፕሪንተር
papier
ወረቐት
beeldscherm
muis
bureau
ጣውላ
ምጽሓፍ
map
toetsenbord
ኪቦርድ
prullenmand
ጎሓፍ ወረቐት
computer
ኮምፒተር
stoel
መንበር

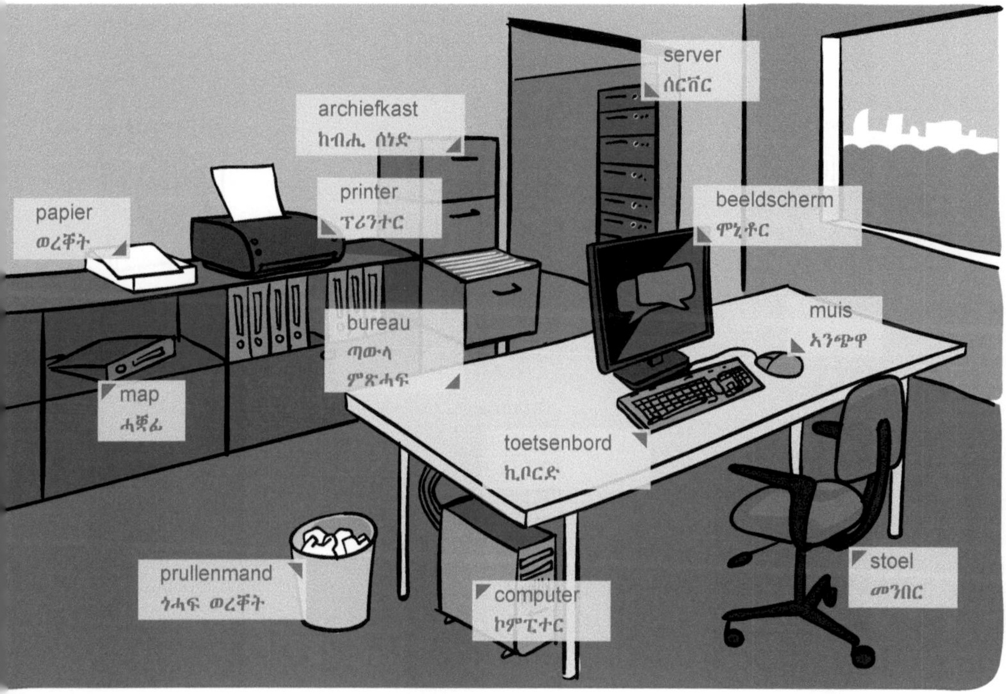

koffiemok

ብርጭቆ ቡን

rekenmachine

ካልኩለተር

internet

ኢንተርነት

laptop

ለፕቶፕ

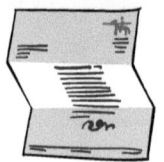

brief

ደብዳበ

bericht

መልእኽቲ

mobiele telefoon

ሞባይል

netwerk

ነትወርክ/መርበብ

kopieermachine

መቅድሒ ፎቶኮፒ

software

ሶፍትዌር

telefoon

ተለፎን

stopcontact

ሶኬት ኳረንቲ

fax

ፋክስ

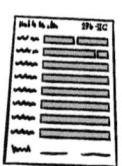

formulier

ፎርም

document

ሰነድ

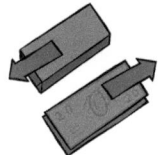

kopen

ገዝአ

betalen

ከፈለ

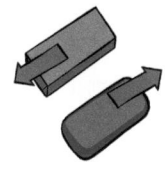

handel drijven

ንግዲ

geld

ገንዘብ

dollar

ዶላር

euro

ኦይሮ

yen

የን

roebel

ሩብል

Zwitserse frank

ስዊዝ ፍራንከን

renminbi yuan

ረንሚንቢ ዩዋን

roepie

ሩፒየ

geldautomaat

መውጽኢ ማሺን ገንዘብ

wisselkantoor

ቦታ ቅያር ገንዘብ

goud

ወርቂ

zilver

ብሩር

olie

ዘይቲ

energie

ሓይሊ

prijs

ዋጋ

contract

ውዕል

belasting

ቀረጽ

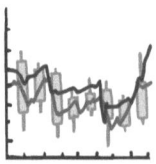

aandeel

እኩብ ጥረ-ነገራት

werken

ሰርሐ

werknemer

ሰራሕተኛ

werkgever

ኣሰራሒ

fabriek

ትካል

winkel

ዱኳን

politieagent
በዓል ፖሊስ

brandweerman
መጠፊኢ ሓዊ

kok
ከሻኒ

dokter
ሓኪም

piloot
መራሒ ነፋሪት

tuinman

ሰራሕትኛ ጀርዲን

timmerman

ጸራቢ ዕንጸይቲ

naaister

ሰፋይት

rechter

ፈራዳይ

scheikundige

ቀማሚ

toneelspeler

ተዋሳኢ

buschauffeur

መራሒ ኣዉቶቡስ

taxichauffeur

ኣውቲስታ ታክሲ

visser

ገፋፊ ዓሳ

schoonmaakster

ጸራጊት

dakdekker

ሃናጻይ ናሕሲ

ober

ኣሰላፊ

jager

ሃዳናይ

schilder

ስኣላይ

bakker

እንዳ ሕብስቲ

elektricien

ኤለትሪከኛ

bouwvakker

ሃናጺ ኣባይቲ

ingenieur

ሃንዳሲ

slager

ሰራሕተኛ እንዳ ስጋ

loodgieter

ድራብሊኮ

postbode

ኣማላላሲ ፖስጣ

soldaat

ወተሃደር

architect

መሃንድስ

kassier

ተሓዝ ገንዘብ

bloemist

ሰራሕተኛ ዕምባባ

kapper

ቀም ቃማይ

conducteur

ፈተሪኖ

monteur

መካኒክ

kapitein

መራሒ መርከብ

tandarts

ሓኪም ስኒ

wetenschapper

ተመራማሪ

rabbi

ራቢ

imam

ኢማም

monnik

ፈላሲ

pastoor

ቀሺ

gereedschap

ናውቲ

hamer
ሞደሻ
tang
ጉጤት
schroevendraaier
ዘዋር መስኒ
moersleutel
መፋትሕ
zaklamp
ላምፓዲና

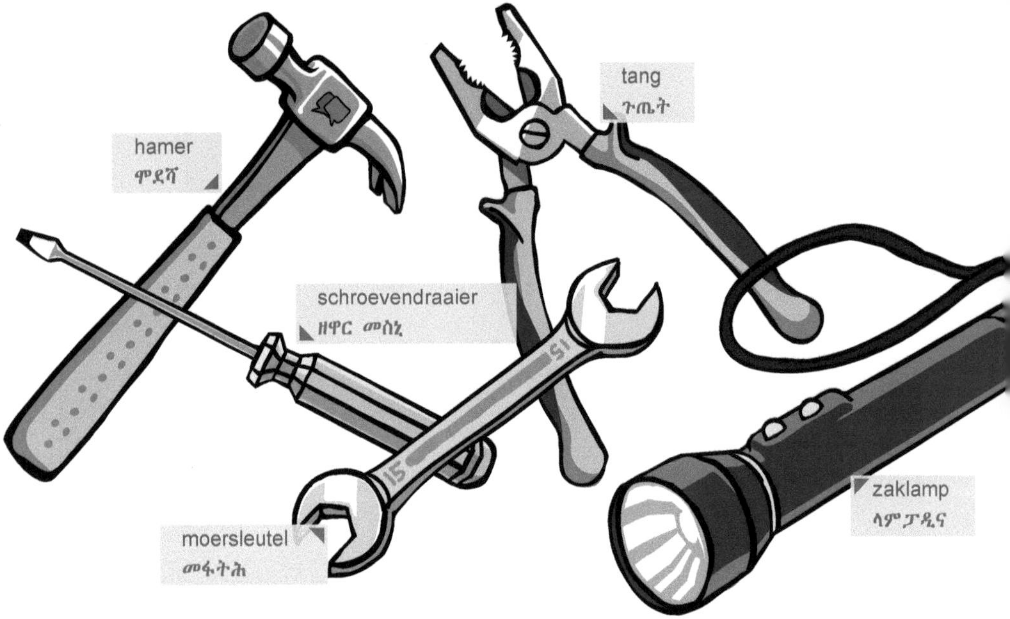

graafmachine

ፈሓሪ

gereedschapskist

ናውቲ ቦክስ

ladder

መደያይቦ

zaag

መጋዝ

spijkers

መስማር

boor

ኰዓቲ

repareren

ምዕራይ

schep

ባደላ

Verdorie!

ኣይ!

stofblik

መትሓዚ ዶርና

verfpot

ድስቲ ቀለም

schroeven

ካቾቢተ

muziekinstrumenten
መሳርሒ ሙዚቃ

drumstel
ከበሮታት

luidspreker
እስፒከር

gitaar
ጊታር

contrabas
ረጒድ ዓባይ
ጊታር

trompet
ትሮምፐት

piano

ፒያኖ

viool

ቪዮሊን

bas

ባስ ጊታር

pauk

ቲምንኢ

trommel

ከቦሮ

keyboard

ኦርጋን

saxofoon

ሳክሶፎን

fluit

ሻምብቆ

microfoon

ሚክሮፎን

dierentuin

መካነ እንስሳታት

ingang
መእተዊ
tijger
kooi
ጎብያ
zebra
ኣድጊ በረኻ
dierenvoer
መግቢ እንስሳ
panda
ፓንዳ

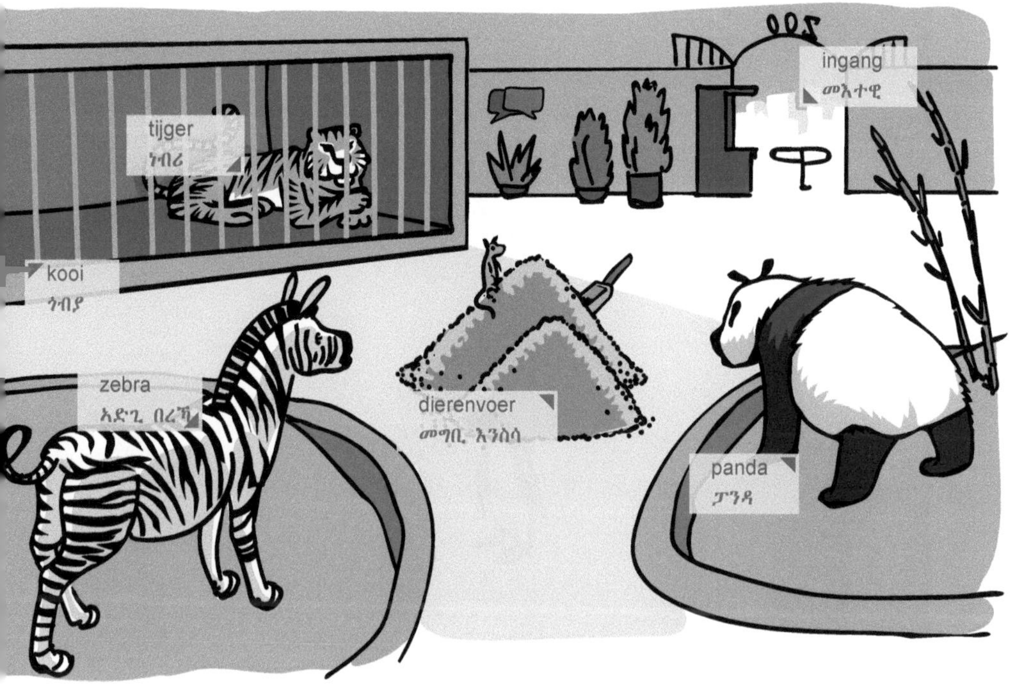

dieren
....
እንስሳታት

olifant
....
ሓርማዝ

kangoeroe
....
ካንጋሩ

neushoorn
....
ሓሪሽ

gorilla
....
ጉሪላ

beer
....
ድቢ

kameel

ገመል

struisvogel

ሰገን

leeuw

ኣንበሳ

aap

ህበይ

flamingo

ፍላሚንጎ

papegaai

ሕንጻይ

ijsbeer

ድቢ በረድ

pinguïn

ፐንጉን

haai

ክልቢ ዓሳ

pauw

ጣውስ

slang

ተመን

krokodil

ሓርገጽ

dierenverzorger

ሓላዊ ቤት ገርድሽ

zeehond

ዓሳ ዚምገብ እንስሳ ባሕሪ

jaguar

ጃጓር

pony

ሓጺር ፈረስ

luipaard

ነብሪ

nijlpaard

ጉማረ

giraffe

ጂራፍ

adelaar

ሊላ

wild zwijn

መፍለስ

vis

ዓሳ

schildpad

ጎብየ

walrus

ዋልሩስ

vos

ወኻርያ

gazelle

ሰስሓ

sport

ስፖርት

American football
ናይ ኣሜሪካ ኩዕሶ እግሪ
wielrennen
ምዝዋር ብሽግለታ
tennis
ተኒስ
basketbal
ባስከትባል
zwemmen
ምሕምባስ
boksen
ቦክሲንግ
ijshockey
ሆኪ በረድ

voetbal

ኩዕሶ እግሪ

badminton

ባድሚንቶን

atletiek

እስፖርታዊ ንጥፈታት

handbal

ኩዕሶ ኢድ

skiën

ስኪ

polo

ፖሎ

springen
ነጠረ

lachen
ሰሓቐ

knuffelen
ሓቖፈ

lopen
ከደ

zingen
ደረፈ

bidden
ጸለየ

kussen
ሰዓመ

dromen
ሓለመ

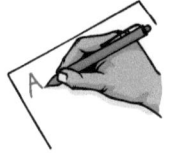

schrijven
ጸሓፈ

tekenen
ሰኣለ

tonen
ኣርኣየ

duwen
ደፍአ

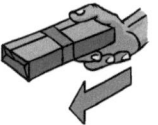

geven
ሃበ

oppakken
ወሰደ

hebben

አለወ

doen

ገበረ

zijn

ኮነ

staan

ጠጠው በለ

rennen

ጎየየ

trekken

ሰሓበ

gooien

ሰንደወ

vallen

ወደቐ

liggen

ሓሰወ

wachten

ተጸበየ

dragen

ሰከም

zitten

ኮፍ በለ

aankleden

ተኸድነ

slapen

ደቀሰ

wakker worden

ተስአ

bekijken

ረኣየ

huilen

በኸየ

strelen

ብኣጻብዑ ደረዘ

kammen

መሸጠ

praten

ተዛረበ

begrijpen

ተረድአ

vragen

ሓተተ

horen

ሰምዐ

drinken

ሰተየ

eten

በልዐ

opruimen

ኣቐመጠ

houden van

ኣፍቀረ

koken

ከሸነ

rijden

ዘወረ

vliegen

ነፈረ

zeilen

....

ብመርከብ ገየሸ

rekenen

....

ደመረ

lezen

....

ኣንበበ

leren

....

ተመሃረ

werken

....

ሰርሐ

trouwen

....

መርዓወ

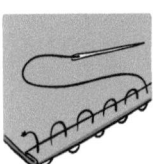

naaien

....

ሰፈየ

tandenpoetsen

....

ጽሬት ኣስናን

doden

....

ቀተለ

roken

....

ሽጋራ ተከኸ

verzenden

....

ሰደደ

familie

ስድራቤት

grootmoeder
ዓባየ
grootvader
vader
moeder
baby
ማማይ
dochter
ጓል
zoon
ወዲ

gast

ጋሻ

tante

ሓትኖ

oom

ኣኮ

broer

ሓው

zus

ሓፍቲ

lichaam

ኣካላት

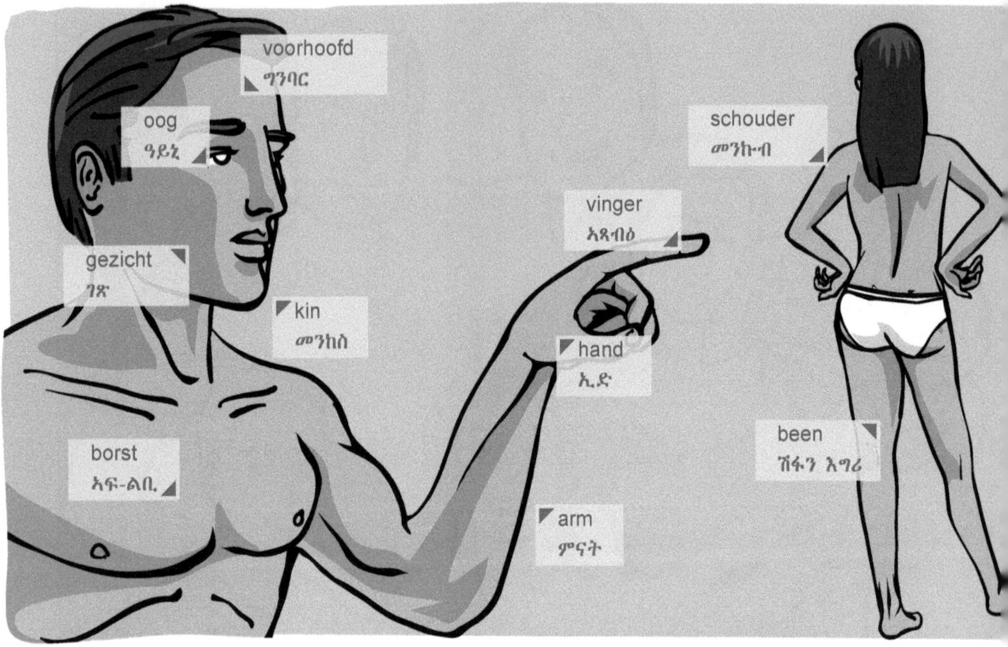

voorhoofd
ግንባር
oog
ዓይኒ
schouder
መንኩብ
vinger
ኣጻብዕ
gezicht
ገጽ
kin
መንከስ
hand
ኢድ
been
ሽፋን እግሪ
borst
ኣፍ-ልቢ
arm
ምናት

baby
ማማይ

man
ሰብኣይ

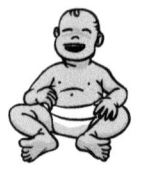

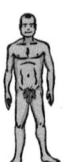

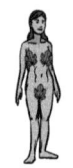

vrouw
ሰበይቲ

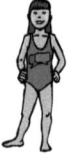

meisje
ጓል

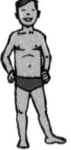

jongen
ወዲ

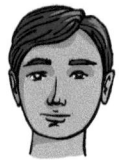

hoofd
ርእሲ

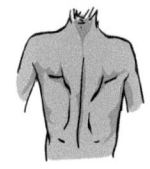

rug

ሕቖ

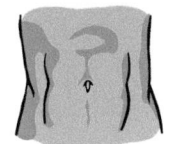

buik

ከስዐ

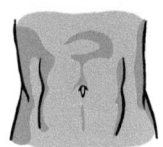

navel

ሕምብርቲ

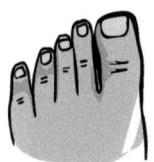

teen

ኣጻብዕ እግሪ

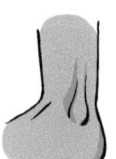

hiel

ኩርኹረ

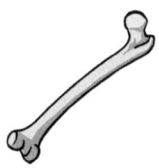

bot

ዓጽሚ

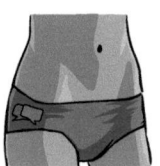

heup

ምሕኵልቲ

knie

ብርኪ

elleboog

ፎግፎጐ

neus

ኣፍንጫ

achterwerk

መዓኮር

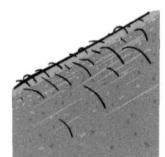

huid

ቆርበት

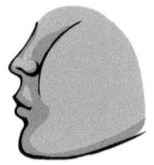

wang

ምዕጉርቲ

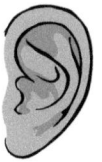

oor

እዝኒ

lippen

ከንፈር

mond

ኣፍ

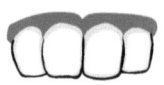

tand

ስኒ

tong

መልሓስ

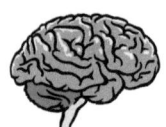

hersenen

ሓንጎል

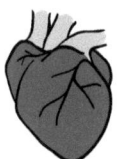

hart

ልቢ

spier

ጭዋዳ

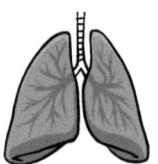

long

ሳንቡእ

lever

ጸላም ከብዲ

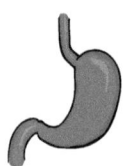

maag

ከብዲ

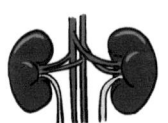

nieren

ኩሊት

geslachtsgemeenschap

ግብረ ስጋ

condoom

ኮንዶም

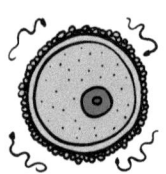

eicel

እንቋቑሖ

sperma

ዘርኢ ተባዕታይ

zwangerschap

ጥንሲ

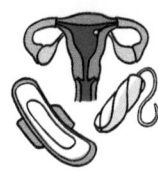

menstruatie

ጽግያት

vagina

ርሕሚ

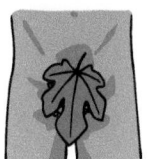

penis

መትሎ

wenkbrauw

ሽፋሽፍቲ

haar

ጸጉሪ

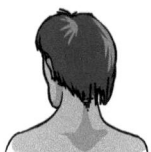

hals

ክሳድ

ziekenhuis

ሆስፒታል

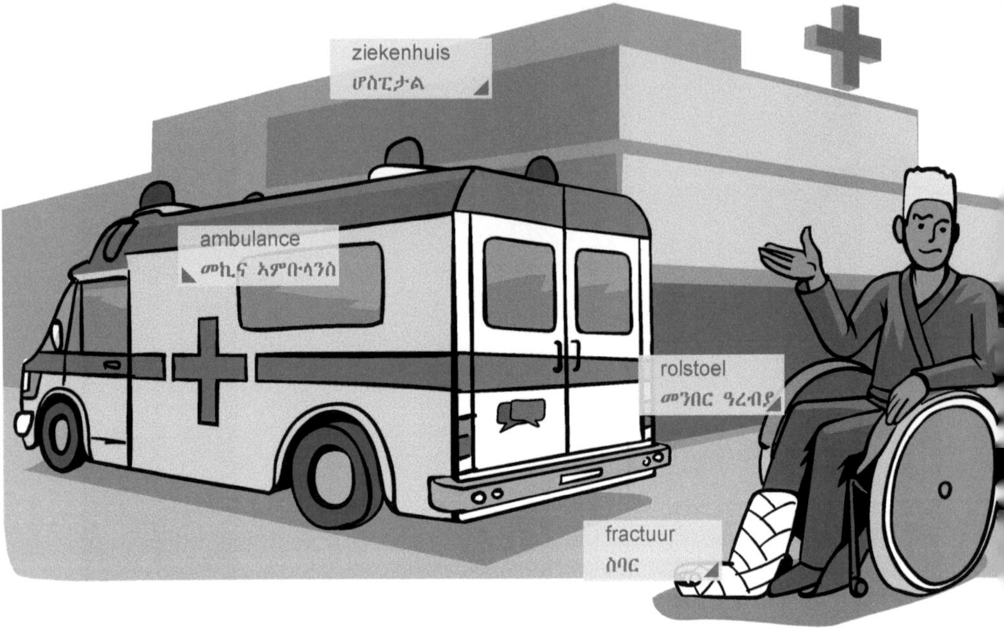

ambulance
መኪና ኣምቡላንስ
rolstoel
መንበር ዓረብያ
fractuur
ስባር

dokter

ሓኪም

EHBO

ክፍሊ ህጹጽ ረድኤት

verpleegster

ኣላይት

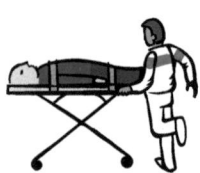

noodgeval

ህጹጽ ኩነት

bewusteloos

ውነኡ ዘጥፍአ

pijn

ቃንዛ

	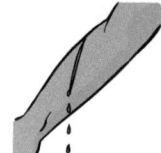	
verwonding	bloeding	hartaanval
ጉድኣት	ደም	ማህረምቲ

beroerte	allergie	hoest
ማህረምቲ	አለርጂ	ሰዓል

koorts	griep	diarree
ረስኒ	ኡንፍልወንዛ	ውጽኣት
		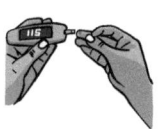
hoofdpijn	kanker	diabetes
ቃንዛ ርእሲ	መንሽሮ	ሹኮርያ

chirurg	scalpel	operatie
ሓኪም መጥባሕቲ	መጥብሒ	መጥባሕቲ

CT

CT

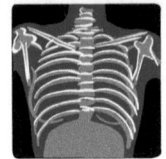

röntgen

ራጂ

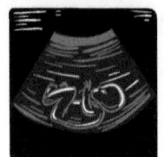

echografie

ልዕለ ድምጻዊ

gezichtsmasker

መሸፈኒ ገጽ

ziekte

ሕማም

wachtkamer

ክፍሊ ምጽባይ

kruk

ምርኩስ

pleister

መጀነኒ ቑስሊ

verband

መጀነኒ

injectie

መርፍዕ ምውጋእ

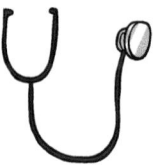

stethoscoop

ስተቶስኮፕ

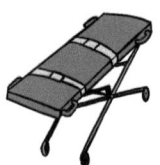

brancard

መሰከሚ ሕማም

thermometer

ቴርሞመተር

geboorte

ትውልዲ

overgewicht

ልዕለ-ሚዛን

gehoorapparaat

ሓገዝ ምስማዕ

ontsmettingsmiddel

ኣንጻሂ

infectie

ልበዳ

virus

ቫይረስ

HIV / AIDS

ኤድስ

medicijn

ሕክምና

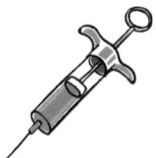

inenting

ክታበ

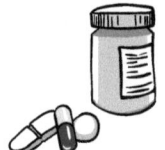

tabletten

ከኒና

pil

ከኒና

alarmnummer

ህጹጽ ምድዋል

bloeddrukmeter

መዕቀኒ ጸቕጢ ደም

ziek / gezond

ሕሙም / ጥዑይ

noodgeval

ህጹጽ ኩነት

Help!

ሓገዝ

alarm

ኣላርም

overval

ምህጃም

aanval

መጥቃዕቲ

gevaar

ድንገት

nooduitgang

ህጹጽ መውጽኢ

Brand!

ሓዊ!

brandblusser

መጥፋኢ ሓዊ

ongeluk

ሓደጋ

EHBO-koffer

ሳንጣ ቀዳማይ ረድኤት

SOS

SOS

politie

ፖሊስ

Europa

ኤውሮጳ

Noord-Amerika

ሰሜን ኣመሪካ

Zuid-Amerika

ደቡብ ኣመሪካ

Afrika

ኣፍሪቃ

Azië

ኤስያ

Australië

ኣውስትራልያ

Atlantische Oceaan

ኣትላንቲክ

Stille Oceaan

ፓሲፊክ

Indische Oceaan

ህንዳዊ ዉቕያኖስ

Zuidelijke Oceaan

ኣንታርቲካዊ ዉቕያኖስ

Noordelijke IJszee

ኣርክቲካዊ ዉቕያኖስ

Noordpool

ሰሜናዊ ዋልታ

Zuidpool

ደቡባዊ ዋልታ

Antarctica

ኣንታርቲካ

aarde

ምድሪ

land

መሬት

zee

ባሕሪ

eiland

ደሴት

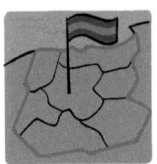

natie

ሃገር

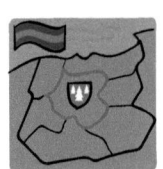

staat

ዓዲ

wijzerplaat

ገጽ ሰዓት

uurwijzer

ኣመልካቲ ሰዓታት

minutenwijzer

ኣመልካቲ ደቓይቕ

secondewijzer

ኣመልካቲ ካልኢት

Hoe laat is het?

ሰዓት ክንደይ ኣሎ?

dag

መዓልቲ

tijd

ግዜ

nu

ሕጂ

digitaal horloge

ዲጂታል ሰዓት

minuut

ደቒቕ

uur

ሰዓት

week

ሰሙን

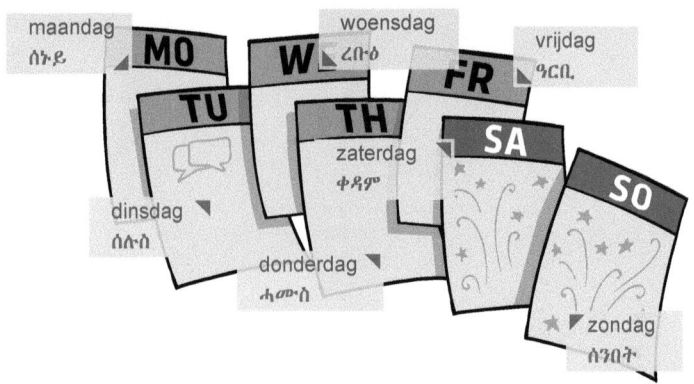

maandag
ሰኑይ
woensdag
ረቡዕ
W
vrijdag
ዓርቢ
zaterdag
ቀዳም
dinsdag
ሰሉስ
donderdag
ሓሙስ
zondag
ሰንበት

gisteren

ትማሊ

vandaag

ሎሚ

morgen

ጽባሕ

ochtend

ንጉሆ

middag

ቀትሪ

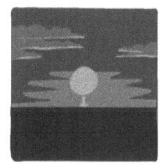

avond

ምሸት

werkdagen

መዓልታት ስራሕ

weekend

መወዳእታ ሰሙን

jaar

ዓመት

regen
ዝናብ
regenboog
ቀስተ-ደመና
wind
ንፋስ
sneeuw
በረድ
voorjaar
ጽድያ
herfst
ቀውዒ
zomer
ሓጋይ
winter
ክረምቲ

4.APRIL 11°
5.APRIL 4°
6.APRIL 13°
7.APRIL 8°
8.APRIL 10°

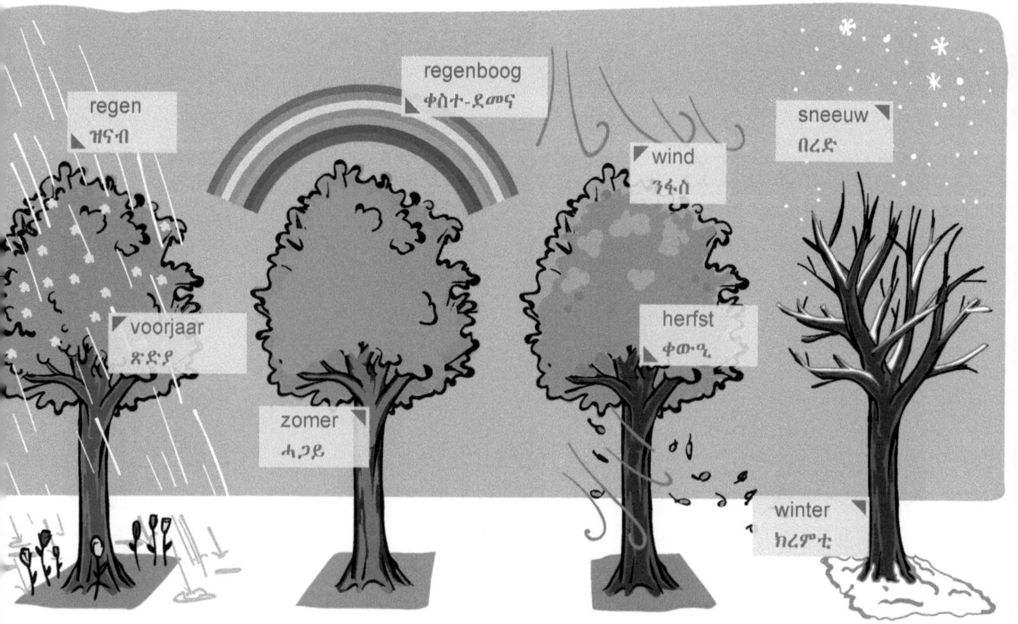

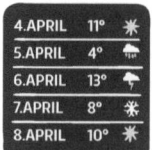

weerbericht

ትንቢት ኩነታት ኣየር

F C
120 40
90 30
60 20
30 10
0 0
-30 -10
-20

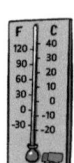

thermometer

ቴርሞመተር

zonneschijn

ብርሃን ጸሓይ

wolk

ደበና

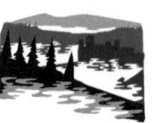

mist

ግመ

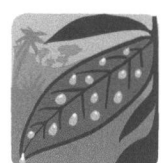

luchtvochtigheid

ጠሊ

bliksem

ብርቂ

donder

ነጎዳ

storm

ህቦብላ

hagel

በረድ

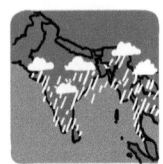

moesson

ብርቱዕ ህቦብላ

overstroming

ውሕጅ

ijs

በረድ

januari

ጥሪ

februari

ለካቲት

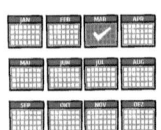

maart

መጋቢት

april

ሚያዝያ

mei

ግንቦት

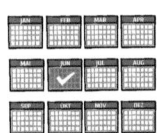

juni

ሰነ

juli

ሓምለ

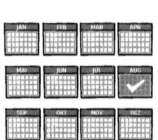

augustus

ነሓሰ

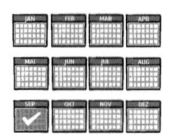

september

 መስከረም

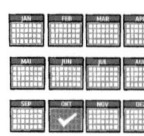

oktober

ጥቅምቲ

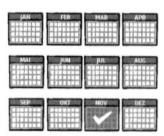

november

ሕዳር

december

ታሕሳስ

vormen

ቅርጽታት

cirkel

ዙርያ

vierkant

ትርብዒት

rechthoek

ቅኑዕ ርቡዕ ኵርናዕ

driehoek

ስሉስ ኩርናዕ

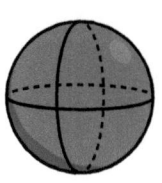

bol

ክቢ

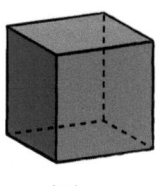

kubus

ኩቦ

kleuren

ሕብርታት

wit

ጻዕዳ

geel

ብጫ

oranje

ኣራንሺ

roze

ፒንክ

rood

ቀይሕ

paars

ጁኽ

blauw

ሰማያዊ

groen

ቀጠልያ

bruin

ቡናዊ

grijs

ሓሙኽሽታይ

zwart

ጸሊም

veel / weinig

....

ብዙሕ / ውሑድ

boos / rustig

....

ሕሩቕ / ሰላማዊ

mooi / lelijk

....

ጽቡቕ / ክፉእ

begin / einde

....

መጀመርያ / መወዳእታ

groot / klein

....

ዓቢ / ንእሽቶ

licht / donker

....

ብሩህ / ጸልማት

broer / zus

....

ሓው / ሓፍቲ

schoon / vies

....

ጽሩይ / ርሳሕ

volledig / onvolledig

....

ምሉእ / ዘይምሉእ

dag/ nacht

....

መዓልቲ / ለይቲ

dood / levend

....

ሙዉት / ህልው

breed / smal

....

ሰፊሕ / ጸቢብ

eetbaar / oneetbaar

ደስ ዘበል / ደስ ዘይብል

gemeen / aardig

እኩይ / ህያዋይ

opgewonden / verveeld

ርቡጽ / ስልኩይ

dik / dun

ረጒድ / ቀጢን

eerste / laatste

ቀዳማይ / ናይ መወዳእታ

vriend / vijand

ዓርኪ / ጸላኢ

vol / leeg

ምሉእ / ባዶ

hard / zacht

ተሪር / ልስሉስ

zwaar / licht

ከቢድ / ፈኩስ

honger / dorst

ጥምየት / ጽምየት

ziek / gezond

ሕሙም / ጥዑይ

illegaal / legaal

ዘይሕጋዊ / ሕጋዊ

intelligent / dom

መስተውዓሊ / ስዲ

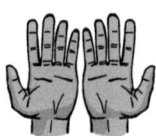

links / rechts

ጸጋም / የማን

dichtbij / ver

ቀረባ / ርሑቕ

nieuw / gebruikt

ሓዲሽ / ብሉይ

niets / iets

ዋላ ሓደ / ገለ

oud / jong

ዓቢ/ኣረጊት / መንእሰይ

aan / uit

ወልዕ / ኣጥፍእ

open / gesloten

ክፉት / ዕጹው

zacht / luid

ህዱእ / ዓው

rijk / arm

ሃብታም / ድኻ

goed / fout

ቅኑዕ / ግጉይ

ruw / glad

ሓርፋፍ / ልሙጽ

verdrietig / gelukkig

ጉሁይ / ሕጉስ

kort / lang

ሓጺር / ነዊሕ

langzaam / snel

ቀስ / ቅልጡፍ

nat / droog

ጥሉል / ንቑጽ

warm / koel

ምዉቕ / ዝሑል

oorlog / vrede

ውግእ / ሰላም

getallen

ቁጽርታት

0

nul

ዜሮ

1

één

ሓደ

2

twee

ክልተ

3

drie

ሰለስተ

4

vier

ኣርባዕተ

5

vijf

ሓሙሽተ

6

zes

ሽዱሽተ

7

zeven

ሸውዓተ

8

acht

ሸሞንተ

9

negen

ትሽዓተ

10

tien

ዓሰርተ

11

elf

ዓሰርተ ሓደ

12

twaalf

ዓሰርተ ክልተ

13

dertien

ዓሰርተ ሰለስተ

14

veertien

ዓሰርተ ኣርባዕተ

15

vijftien

ዓሰርተ ሓሙሽተ

16

zestien

ዓሰርተ ሽዱሽተ

17

zeventien

ዓሰርተ ሸውዓተ

18

achttien

ዓሰርተ ሸሞንተ

19

negentien

ዓሰርተ ትሽዓተ

20

twintig

ዕስራ

100

honderd

ሚእቲ

1.000

duizend

ሽሕ

1.000.000

miljoen

ሚልዮን

talen

ቋንቋታት

Engels

እንግሊዝኛ

Amerikaans Engels

ኣመሪካዊ እንግሊዛዊ

Chinees Mandarijn

ቻይናዊ ማንዳሪን

Hindi

ሂንዳዊ

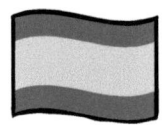

Spaans

እስጳኛዊ

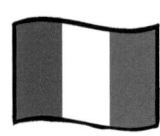

Frans

ፈረንሳዊ

Arabisch

ዓረባዊ

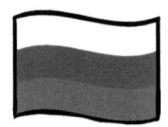

Russisch

ሩሲያዊ

Portugees

ፖርቱጋላዊ

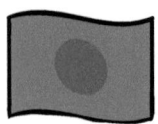

Bengalees

በንጋሊ

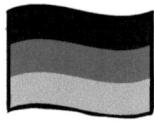

Duits

ጀርመናዊ

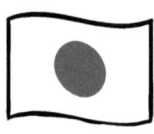

Japans

ጃፓናዊ

wie / wat / hoe

መን / እንታይ / ከመይ

ik

ኣነ

jij

ንስኻ/ኺ

hij / zij / het

ንሱ / ንሳ / ንሱ

wij

ንሕና

jullie

ንስኻ

zij

ንሳቶም

wie?

መን?

wat?

እንታይ?

hoe?

ከመይ?

waar?

ኣበይ?

wanneer?

መዓስ?

naam

ሽም

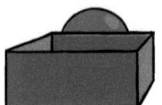

waar

ኣበይ

achter

ድሕሪ

in

ኣብ

voor

ኣብ ቅድሚ

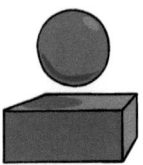

boven

ኣብ ላዕሊ

op

ኣብ ልዕሊ

onder

ትሕቲ ምድሪ

naast

ኣብ ጥቓ

tussen

ኣብ መንጎ

plaats

ቦታ